IK HOU VAN GROENTE EN FRUIT
I LOVE TO EAT FRUITS AND VEGETABLES

Shelley Admont
Geïllustreerd door Sonal Goyal en Sumit Sakhuja

www.kidkiddos.com
Copyright©2014 by S.A.Publishing ©2017 by KidKiddos Books Ltd.
support@kidkiddos.com

All rights reserved. No part of this book may be reproduced in any form or by any electronic or mechanical means, including information storage and retrieval systems, without written permission from the publisher or author, except in the case of a reviewer, who may quote brief passages embodied in critical articles or in a review.

Alle rechten voorbehouden. Niets uit deze uitgave mag worden verveelvoudigd, opgeslagen in een geautomatiseerd gegevensbestand, of openbaar gemaakt, in enige vorm of op enige wijze, hetzij elektronisch, mechanisch, door printouts, kopieën, of op welke andere manier dan ook, zonder voorafgaande schriftelijke toestemming van de uitgever.

Second edition, 2019
Translated from English by Marcella Oleman
Vertaald uit het Engels door Marcella Oleman

Library and Archives Canada Cataloguing in Publication
I Love to Eat Fruits and Vegetables (Dutch English Bilingual Edition)/ Shelley Admont
ISBN: 978-1-5259-1172-9 paperback
ISBN: 978-1-77268-727-9 hardcover
ISBN: 978-1-77268-725-5 eBook

Please note that the Dutch and English versions of the story have been written to be as close as possible. However, in some cases they differ in order to accommodate nuances and fluidity of each language.
Although the author and the publisher have made every effort to ensure the accuracy and completeness of information contained in this book, we assume no responsibility for errors, inaccuracies, omission inconsistency, or consequences from such information.

Voor degenen die ik het meeste liefheb -S.A.

For those I love the most-S.A.

Het was bijna lunchtijd. Jimmy, een klein konijntje, was met zijn twee oudere broers aan het spelen.

It was an hour before lunch. Jimmy, a little bunny, was playing with his two older brothers.

"Ik heb zin om iets zoets te eten", zei Jimmy opeens.

"I really feel like eating something sweet," said Jimmy suddenly.

"We kunnen geen snoep eten voor de lunch", zei de oudste broer. "Je weet dat we dat niet mogen, Jimmy."

"We can't eat candy before lunch," said the oldest brother. "You know we're not allowed, Jimmy."

"Ik hou van appels en druiven", zei de middelste broer. "Die zijn zoet en lekker."

"I like apples and grapes," said the middle brother. "They're sweet and tasty."

Jimmy trok zijn neus op. "Bah, ik hou niet van fruit."

Jimmy curled his lip. "Yuck, I don't like eating fruits."

Toen fluisterde hij: "Weet je wat? Mama heeft gisteren snoep gekocht. Ik ga wat pakken. Wie gaat er mee?"

Then he whispered, "Guess what? I saw that Mom bought some new candy yesterday. I'm going to take some. Who's joining me?"

"Ik niet", zei de oudste broer en hij speelde verder met zijn speelgoed.

"Not me," said his oldest brother and went back to his toys.

"Ik ga ook niet mee", antwoordde de middelste broer.

"I'm not coming either," replied his middle brother.

Jimmy wuifde zijn broers weg en verliet de kamer.

Jimmy waved his hand and left the room.

Voorzichtig sloop hij naar de keuken. Hij keek om zich heen om te zien of niemand hem in de gaten hield.

Slowly, he made his way to the kitchen, looking around to check that nobody was watching.

De tafel was al gedekt voor de lunch.

The table was already prepared for lunch.

Elk konijntje had zijn eigen bord. De oudste broer had een blauw bord en de middelste broer een groene. Het oranje bord was voor Jimmy.

Each bunny had his own plate. The oldest brother had the blue plate, and the middle brother had the green one. The orange plate was for Jimmy.

In het midden van de tafel stond een grote schaal gevuld met verse groente. Er lagen komkommers, wortels, tomaten, rode en gele paprika's en een beetje kool in.

In the center of the table was a big bowl filled with fresh vegetables. There were cucumbers, carrots, tomatoes, red and yellow peppers, and some cabbage.

Jimmy trok een vies gezicht. Jakkes, dat ga ik echt niet eten, *dacht hij.*

Jimmy scrunched his nose. *Ugh! I'm not going to eat THAT,* he thought.

Hij liep naar het keukenkastje en zag daar de zak met snoep liggen. Maar het keukenkastje hing zo hoog dat Jimmy er niet bij kon komen.

He went over to the cupboard and spotted the bag of candy. But the cupboard was so high that Jimmy was unable to reach it.

Hij pakte een van de stoelen en schoof deze naar het keukenkastje. Hij klom op de stoel, maar nog steeds kon hij niet bij de bovenste plank komen!

He took one of the chairs and moved it nearer to the cupboard. He climbed up onto it, but he still wasn't able to reach the shelf!

Jimmy klom naar beneden en keek nog eens rond. Deze keer pakte hij een grote pan. Hij zette de pan ondersteboven op de stoel en klom weer omhoog.

Jimmy got back down and looked around again. This time, he took a large empty pot and turned it upside down. He put the pot on the chair and then climbed up.

Nu kon hij de bovenste plank zien. Daar, in de hoek, lag de enorme zak vol met snoep! Maar… hij kon er nog steeds niet bij. Hij moest nog een klein beetje hoger zien te komen.

Now, he was able to see the highest shelf. In the far corner of the shelf, there it was a huge bag full of candy! But…he still wasn't able to touch it. He needed to be a tiny bit higher.

Wat kan ik nog meer gebruiken? dacht Jimmy terwijl hij weer naar beneden klom. Opeens zag hij het grote kookboek van zijn moeder.

What else can I use? thought Jimmy while getting down. Suddenly, he saw his mom's huge cookbook.

"Dat is precies wat ik nodig heb!" riep hij blij en greep het boek.

"That's exactly what I need!" he said happily as he grabbed the book.

Hij legde het kookboek op de pan en klom voorzichtig omhoog. Nu kon hij de bovenste plank aanraken.

He put the cookbook on the upside-down pot and slowly climbed up. Now he was able to touch the shelf.

Maar net toen Jimmy de zak met snoep te pakken had, begon de stoel te wiebelen. Jimmy verloor zijn evenwicht en viel plat op de grond.

But as Jimmy reached for the bag of candy, the chair began to rock. Jimmy quickly lost his balance and fell flat on the ground.

De pan viel met veel lawaai naast hem op de grond. Het kookboek kwam precies op Jimmy's arme hoofdje terecht.

The pot fell next to him with a loud bang. The cookbook came next, and it landed right on poor Jimmy's head.

Jimmy keek omhoog naar het keukenkastje, dat steeds hoger en hoger leek te worden. Toen hij probeerde om op zijn voeten te staan, voelde hij zich duizelig en hij ging weer zitten.

Jimmy looked up at the cupboard and it seemed as if it was getting higher and higher. When he tried to stand up on his feet, he felt dizzy and had to sit back down.

Op datzelfde moment kwamen zijn oudere broers de keuken binnen. "Wat was dat geluid?" vroeg de oudste broer. "En waar is Jimmy?"

At that exact moment, his two older brothers came into the kitchen.
"What was that noise," asked the oldest brother, "and where's Jimmy?"

Jimmy zwaaide met zijn hand. "Hier ben ik!"
Jimmy waved his hand. "I'm here!"

"Hoe ben je zo klein geworden?" vroeg de middelste broer.
"How did you get so tiny?" asked his middle brother.

Toen realiseerde Jimmy zich ineens waarom alles zo groot leek. Hij was gekrompen tot de grootte van een muis!
Only then did Jimmy realize why everything looked so big. He had become as small as a mouse!

"Ik klom alleen maar omhoog om wat snoep te pakken," jammerde hij, "en toen viel ik."
"I just climbed up to get some candy," he cried, "and then I fell down."

"Misschien ben je daarom zo klein geworden!" riep de middelste broer.
"Maybe that's what caused you to become so little!" exclaimed the middle brother.

"O nee! Zal ik altijd zo klein blijven?" begon Jimmy te huilen.
"Oh, no! Will I stay this small forever?" Jimmy began crying.

"Huil maar niet", zei de oudste broer. "We bedenken wel wat. Laten we alles opruimen voordat mama het ziet."
"Don't cry," said the oldest brother. "We will figure something out. Let's just clean up before Mom comes in."

En net toen ze alles terug op hun plaats hadden gezet, kwam hun moeder de keuken in.
Just as they finished putting everything back in its place, their mother walked into the kitchen.

"We gaan zo lunchen. Waar is Jimmy?" Jimmy verschuilde zich achter zijn oudere broers.
"We're going to eat lunch soon. Where's Jimmy?" Jimmy hid behind his older brothers.

"Uhm, uhm ...", stotterde zijn middelste broer terwijl hij bedacht wat hij ging zeggen.
"Uh, uh..." stuttered his middle brother while thinking of something to say.

Maar de oudste broer was erg slim. "Mama, als iemand heel snel wil groeien en heel groot en sterk wil worden, wat moet hij dan doen?" vroeg hij.

But the older brother was very smart. "Mom, if someone wants to grow quickly and be tall and strong, what would he need to do?" he asked.

"Dan moet hij veel groente en fruit eten", antwoorde ze. "Die bevatten heel veel vitamines en mineralen die het lichaam helpen sneller te groeien."

"He needs to eat his fruits and vegetables," she answered. "They contain lots of vitamins and minerals that help the body grow faster."

"Jullie kunnen nu aan tafel en ik zal papa en Jimmy roepen", zei hun moeder en ze liep de keuken uit.

"Now, you can sit down at the table and I will call Dad and Jimmy," their mother said and walked out of the kitchen.

De oudste broer draaide zich om en zei tegen Jimmy: "Snel! Je moet groente en fruit eten."

The oldest brother turned around to Jimmy. "Quick! You have to eat your fruits and vegetables."

"Geen denken aan!" schreeuwde Jimmy, "ik hou niet van groente en fruit!"

"No way!" screamed Jimmy, "I don't even like fruits or vegetables!"

"Wil je voor altijd zo klein blijven?" antwoorde zijn middelste broer.

"Do you want to stay this way forever then?" his middle brother asked.

"Natuurlijk niet!" zei Jimmy.

"Of course not!" replied Jimmy.

"Dus eet wat groente", zei de oudste broer. "Misschien vind je het wel lekker." Hij nam een wortel uit de schaal en schoof het in Jimmy's mond.

"So eat some vegetables," said the oldest brother. "Maybe you'll even like them." He took a carrot from the plate on the table and slipped it in Jimmy's mouth.

"Mmmmm... dit is zoet en lekker", zei Jimmy terwijl hij met zijn sterke, witte tanden op de wortel kauwde.

"Ummm...this is sweet and tasty," Jimmy said as he chewed his carrot with his strong, white teeth.

Plotseling voelde hij een vreemde tinteling over zijn lichaam verspreiden. Het voelde alsof hij werd betoverd.

All of the sudden, he felt a strange tingly feeling spreading all over his body—it was just like magic.

"Kijk Jimmy! Je bent iets gegroeid!" schreeuwde zijn oudste broer.

"Jimmy, look! You've grown a bit!" shouted the oldest brother.

De middelste broer gaf Jimmy een sappige komkommer uit de schaal. "Hier, eet nog wat meer", zei hij.

The middle brother gave Jimmy a juicy cucumber from the bowl. "Here, eat something else," he said.

Met elke hap die hij nam, voelde Jimmy dat zijn lichaam sterker en sterker werd. Hij was aan het groeien!

With every bite, he felt his body getting stronger and stronger. He was growing!

"Je bent weer jezelf", *schreeuwde zijn oudste broer en hij rende naar Jimmy om hem een knuffel te geven.*

"You're finally yourself again," the oldest brother shouted and ran over to hug Jimmy.

Zijn middelste broer gaf hem ook een knuffel. "Hoe voel je je nu?" vroeg hij.

His middle brother hugged him, too. "How are you feeling now?" he asked.

"Ik voel me geweldig en vol energie", antwoorde Jimmy. "En weet je wat? Groente en fruit zijn echt lekker. Ik had het veel eerder moeten proberen!"

"I feel great and full of energy," Jimmy answered. "And you know what? These fruits and vegetables are really tasty. I should have tried them before!"

De drie broers begonnen hard te lachen en sprongen in het rond.

All three brothers began to laugh loudly and jump around.

Een paar minuten later kwamen de ouders van Jimmy de keuken binnen.

A few minutes later, Jimmy's parents entered the kitchen.

"Goed, je bent hier", zei papa.

"Great, everyone's here," said Dad.

"Ik ben zo blij dat iedereen in een goed humeur is", zei mama. "Vergeet je handen niet te wassen."

"I'm happy that everyone's in such a good mood," said Mom. "Don't forget to wash your hands!"

Het gelukkige gezin zat rondom de grote tafel en begon te eten van alle lekkere dingen die op tafel stonden. Zelfs Jimmy at zijn hele bord leeg.

The happy family sat around the large table and began eating all the tasty things there. Even Jimmy finished his whole plateful.

Vanaf die dag vond Jimmy alle groente en fruit lekker. Soms at hij nog snoep maar slechts een klein beetje en alleen maar na de maaltijd.

From that day on, Jimmy liked eating all his fruits and vegetables. Sometimes, he still eats candy but only a little and only after his meals.

www.ingramcontent.com/pod-product-compliance
Lightning Source LLC
Chambersburg PA
CBHW061143070526
44584CB00033B/4407